SEIDENMALEREI
DIE SCHÖNSTEN MOTIVE

MIT BEITRÄGEN VON HEDWIG DANNER,
HEIDRUN DUFFNER, DIANA FLUCK,
USCH HAYER, KARIN HUBER, INGRID MORAS,
ELISABETH SCHWINGE, ANGELIKA WAGENER

CHRISTOPHORUS
CLASSIC

IMPRESSUM

©1996 Christophorus Verlag Freiburg/Breisgau
Alle Rechte vorbehalten
© der deutschsprachigen Ausgabe:
Christophorus Verlag Freiburg/Breisgau

REDAKTION: Elke Fox

AUTOREN:
Hedwig Danner, Seiten: 44, 45, 60, 61
Heidrun Duffner, Seiten: 24, 25, 36, 37
Diana Fluck, Seiten: 48, 49
Usch Hayer, Seite: 55
Karin Huber, Seiten: 12 bis 15, 20, 21, 28, 29, 38, 39,
58, 59
Ingrid Moras, Seiten: 26, 27, 32 bis 35, 46, 47, 50, 51
Elisabeth Schwinge, Seiten: 16 bis 19, 22, 23,
52 bis 54, 56, 57
Angelika Wagener, Seiten: 40 bis 43

FOTOS, STYLING:
Andreas Gerhardt, Seiten: 7, 40 oben, 41, 43,
1. Umschlagseite oben
Roland Krieg, Seiten: 8 unten, 28 bis 35, 38, 44, 45,
53, 54, 58 bis 61
Peter Nielsen, Seiten: 9, 12, 13, 15, 16, 18 bis 21, 24
bis 27, 36, 37, 39, 40 unten, 46 bis 51, 55 bis 57,
4. Umschlagseite
Ulrike Schneiders, Seiten: 8 oben, 10/11
Florian Schwinge, Seiten: 16, 17, 22, 23,
1. Umschlagseite unten

ZEICHNUNGEN:
Karin Huber, Seite: 38
Ingrid Moras, Seiten: 32, 34
Elisabeth Schwinge, Seite: 52
Uwe Stohrer, Seiten: 46, 47, 48

VORLAGENBOGEN: Uwe Stohrer

LAYOUT, HERSTELLUNG UND GESAMTPRODUKTION:
Graphic Design Neugebauer/Salzburg

SEIDENMALEREI
DIE SCHÖNSTEN MOTIVE

MIT BEITRÄGEN
VON HEDWIG DANNER,
HEIDRUN DUFFNER,
DIANA FLUCK, USCH HAYER,
KARIN HUBER, INGRID MORAS,
ELISABETH SCHWINGE,
ANGELIKA WAGENER

MIT VORLAGEN IN ORIGINALGRÖSSE

CHRISTOPHORUS
CLASSIC

$\mathcal{I}$NHALT

SEIDE UND FARBE

ZUR GESCHICHTE DER SEIDENMALEREI

Die Seidenmalerei hat ihren Ursprung in China, wo auch die erste Seide vor ca. 5000 Jahren hergestellt wurde. Die Anfänge der Seidenmalerei lassen sich jedoch nicht mit Sicherheit datieren. Nachweisbare Beispiele gibt es aus der Zeit zwischen etwa 200 v. Chr. und 220 n. Chr. Diese mit Tusche oder wasserlöslichen Erdpigmenten gemalten Bilder waren nicht für dekorative Zwecke gedacht, der Malvorgang selbst galt als Meditation. Fertige Bilder wurden auf Zylinder gerollt, in Kästchen aufbewahrt und nur zur meditativen Betrachtung entrollt.

Während in Asien Seide oft als Bildträger gebraucht wurde, fand man sie in der europäischen Malerei wegen ihrer Kostbarkeit nur selten.
Bis zum Beginn der Neuzeit verwendete man für Prozessionsfahnen und Heiligendarstellungen auf Wandbehängen Mischgewebe aus Seide und Leinen.

Im 17. Jahrhundert malten z.B. Guido Reni und Nicolas Poussin ihre Darstellungen der Himmelfahrt Mariae auf reinen Seidengrund, doch waren dies eher Ausnahmen. Erst mit der in Mode kommenden Chinoiserien seit dem 18. Jahrhundert fanden sich vermehrt dekorative Seidenbilder und bemalte Seidenfächer.

In der zweiten Hälfte des 19. Jahrhunderts und zu Beginn des 20. Jahrhunderts wählten Künstler wie Degas, Gaugin, Kokoschka, Bracque und Picasso Seide als Malgrund und gaben damit wichtige Impulse für die moderne Seidenmalerei. Heute ist die Malerei auf Seide ein fester Bestandteil des Spektrums künstlerischer Ausdrucksmöglichkeiten geworden. Künstler wählen dieses feine Gewebe als Malgrund und beziehen den eigenen Charakter seiner Oberfläche in die Bildwirkung mit ein.

ZU DIESEM BUCH

Seide ist ein Malgrund, der die Phantasie beflügelt. Sie läßt sich wie von selbst bemalen und fordert zu immer neuen Farb- und Motivvariationen auf. Die Techniken der Seidenmalerei eröffnen ein breites Spektrum der Gestaltungsmöglichkeiten. Im ersten Kapitel dieses Buches werden die wichtigsten Techniken vorgestellt:

Bei der *Aquarelltechnik* mit ihren vielfältigen Varianten fließen die Farben ineinander. Sollen die Farben nicht fließen, zieht man Grenzen und wendet die *Konturentechnik* an. Die *Salz-* und die *Alkoholtechnik* bewirken unterschiedliche Strukturen. Auf die noch malnasse Seide aufgetragenes Salz konzentriert die Farbpigmente, Alkohol drängt sie auseinander. Man kann Seide auch flächig oder stellenweise „imprägnieren", z.B. mit *Wachs*. Bei *Batikeffekten* und *Abdrucktechnik* spielt der Zufall eine gewisse Rolle.

Im zweiten Kapitel zeigen die Autorinnen aktuelle Themen und ihre schönsten Motive:
Blumen, Tiere, Ornamente, grafische Dessins, Art Deco, Jugendstil und Free Style. So entstehen individuelle Tücher, Schals, Kissen, Shirts, Krawatten und Accessoires.
Das ausgewählte Motiv wird unter Ihrer Hand immer ein wenig vom Vorbild abweichen: Jede Arbeit ist ein Unikat mit eigener Ausstrahlung. Variieren Sie die Motive und Farben nach Ihrem Geschmack, und lassen Sie sich auch zu eigenen Entwürfen anregen.

Gutes Gelingen und viel Freude!

MATERIAL UND HILFSMITTEL

SEIDE

Es gibt eine Vielzahl von Seidenstoffen. Die Seiden-
arten unterscheiden sich in Schwere, Dichte, Struktur,
Weichheit, Glanz und auch im Preis. Je dicker und
dichter ein Seidengewebe ist, um so schwieriger ist es
zu bemalen. Einsteigern sei Pongéseide empfohlen,
sie hat eine glatte Oberfläche, läßt sich leicht und in
allen Techniken bemalen.
Chiffon und Crêpe Georgette sind matte, durch-
scheinende Seiden. Sie eignen sich vor allem für zarte
Tücher und Schals. Crêpe Satin und Crêpe de Chine
sind schwerere Stoffe, auf denen die Farben intensiver
wirken.
Seide ist meist appretiert und sollte deshalb vor dem
Bemalen bei 30°C mit einem Feinwaschmittel gewaschen werden. Die Seide anschließend in einem
Tuch ausdrücken und bügeln, solange sie noch leicht
feucht ist.
Pflege: Seide kann bei Temperaturen bis zu 60°C
gewaschen werden. Ist der Stoff mit dampffixierbaren
Farben bemalt, empfiehlt sich Handwäsche bei 30°C.
Die Seide glänzt besonders schön, wenn im letzten
Spülgang ein wenig Essig beigegeben wird.

RAHMEN

Die Seide wird zum Bemalen auf einen Rahmen
gespannt, da sie auf keinem festen Untergrund aufliegen darf. Der Rahmen muß stufenlos verstellbar
sein, damit Arbeiten von unterschiedlicher Größe
angefertigt werden können. Wenn genügend Platz
vorhanden ist, bietet sich die Anschaffung eines
Rahmens mit 120 cm Seitenlänge an. Er eignet sich
auch für große Tücher und Stoffe. Ein Rahmen mit
90 cm Seitenlänge ist jedoch für viele Arbeiten ausreichend.
Der Rahmen muß mindestens 4 cm hoch sein, damit
die bemalte, durchhängende Seide nicht auf dem
Tisch aufliegt.
Die vier Leisten des Rahmens müssen auf gleicher
Ebene liegen, damit die Seide korrekt gespannt werden
kann.

SPANNADELN

Zum Aufspannen der Seide werden hauptsächlich
Pinnadeln oder Dreizackstifte verwendet.
Pinnadeln haben Köpfe und werden mit der Nadel
in das Holz des Rahmens gestochen. Sie eignen sich
zum Spannen rollierter Tücher.
Dreizackstifte haben drei Einstechzacken und werden
flach in das Holz des Rahmens gedrückt. Sie decken
die Seide ab, und beim Herausziehen bleibt eine helle
Stelle. Sie sind für unrollierte Tücher oder Seiden-
stücke geeignet, deren Ränder später abgeschnitten
oder einrolliert werden.

TIPS ZUR BESPANNUNG

1. Den Rahmenleisten oben mit einer Schutzschicht
beziehen, z.B. mit Paketklebeband.

2. Die Leisten locker verbinden, noch nicht fest ver-
schrauben.

3. Mit der Bespannung an dem Ende beginnen, an
dem die Schraube verankert ist. Bevor der Dreizack-
stift befestigt wird, den Seidenstoff mit der anderen
Hand fest heranziehen. Im Uhrzeigersinn alle vier
Rahmenteile bespannen.

4. Die Schrauben festdrehen. Erst jetzt ist die Seide
richtig gespannt. Wenn die Seide beim Bemalen
durchhängt, nachspannen.

PINSEL

Einsteigern seien zwei Pinsel empfohlen: einer für
feine Linien oder kleine Flächen (Synthetikpinsel
mit der Nummer 5) und ein dicker Pinsel für große
Flächen (Kunsthaarpinsel mit der Nummer 18) mit
Spitze. Naturhaarpinsel, insbesondere handgefertigte
Pinsel aus China und Japan, sind empfehlenswert,
jedoch teurer.
Borstenpinsel in verschiedenen Breiten eignen sich
gut zum Auftragen verdickter Farbe. Zum Malen sehr
großer Flächen empfiehlt sich ein Flächenpinsel, der
vorne gerade geschnitten ist und eine Breite bis zu
6 cm haben kann. Die Farbe muß in ein Gefäß mit
entsprechend großer Öffnung umgefüllt werden.

PHANTOMSTIFT

Der Phantomstift dient zum Zeichnen von Skizzen
auf die Seide oder zum Übertragen der Motive vom
Vorlagenbogen. Die Linien verschwinden wieder,
wenn sie mit Feuchtigkeit, also auch mit Farbe oder
Gutta, in Berührung kommen.

GUTTA

Gutta oder Konturenmittel ist eine Flüssigkeit von zäher Konsistenz, mit der Begrenzungslinien auf Seide gezeichnet werden können. Weitere Angaben im Abschnitt „Konturentechnik", Seite 22/23.

LINER UND PEN

Der Liner ist ein Plastikfläschchen, in welches das Konturenmittel umgefüllt wird. Es hat eine Spitze, auf die man einen Aufsatz (Pen) setzen kann. Der Pen besteht aus Metall oder Plastik und bewirkt einen gleichmäßigen Auftrag des Konturenmittels.

KONTURENLINER

Elektrisch betriebener Liner mit Membranpumpe, der gleichmäßigen Konturenfluß ermöglicht.

FARBVERDICKER

Eine Paste, die flüssigen Seidenmalfarben beigemischt werden kann, um deren Konsistenz zu verändern.

DESTILLIERTES WASSER

Mit destilliertem Wasser werden die meisten Farben verdünnt.

ALKOHOL

Zum Verdünnen bestimmter Farben (s. Hersteller-angaben) und für die Alkoholtechnik wird reiner Alkohol (70–90%ig) aus der Apotheke benötigt.

FLIESSMITTEL

Spezielles Mittel zum Verdünnen von Seidenmal-farben, das die Oberflächenspannung von Wasser herabsetzt und damit das Fließverhalten der Farben verbessert. Die Farben lassen sich gleichmäßiger verteilen.

SALZ

Salz ist ein wichtiges Hilfsmittel für bestimmte Effekte. Hierzu eignen sich Effektsalz (Fachhandel), Kochsalz in verschiedenen Körnungen und grob-körniges Siedesalz.

GEFÄSSE UND PALETTE

Zum Farbenmischen und zum Abfüllen kleiner Farb-mengen werden verschiedene Gefäße benötigt, z.B. kleine Schraubdeckel oder Portionsnäpfe von Marme-lade. Zum Auswaschen der Pinsel eignen sich Marme-ladengläser. Eine Palette zum Mischen kleinerer Farb-mengen erweist sich als praktisch.

LAPPEN

Zwei Lappen aus Baumwolltrikot sollten immer zur Hand sein. Ein Lappen wird verwendet, um über-schüssige Farbe aus dem Pinsel aufzunehmen, mit dem anderen wird der im klaren Wasser gereinigte Pinsel abgestreift.

FÖN

Ein Fön ist hilfreich, wenn z.B. die Farbe während des Auftragens getrocknet werden soll.

VORLAGENBOGEN

Viele der in diesem Buch abgebildeten Motive sind auf dem Vorlagenbogen abgebildet. Zum Übertragen Pergamentpapier auf die Vorlage legen und das Motiv mit Filzstift durchpausen. Oder: Kohlepapier zwischen Vorlagenbogen und Skizzenpapier legen und die Linien durchpausen, eventuell mit Filzstift nachziehen. Den bespannten Rahmen mit der Seide nach unten auf das Pergamentpapier legen und das Motiv mit Phantomstift auf Seide übertragen. Es erscheint dann spiegelbildlich zu der Zeichnung auf der Vorlage.
Oder: Die Vorlage auf ein Buch oder Holzbrett legen, das den Raum zwischen Arbeitsfläche und dem auf den Rahmen gespannten Stoff ausfüllt. Das Motiv durchzeichnen, es erscheint so, wie es auf der Abbil-dung zu sehen ist.

ZUM ARBEITSPLATZ

Ein Tisch, der von allen Seiten zugänglich und gut beleuchtet ist, eignet sich am besten als Arbeitsplatz. Die Tischplatte mit einer beschichteten Preßspan-platte abdecken. Unter den Tisch eine Plastikfolie legen, damit der Boden nicht verschmutzt.

Weitere spezielle Materialien und Hilfsmittel sind bei der jeweiligen Technik angegeben.

Seidenmalfarben

Im Fachhandel werden verschiedene Farbsorten angeboten, sie unterscheiden sich hinsichtlich dreier Kriterien:

1. Art der Fixierung der Farbe auf der Seide.

2. Brillanz, Leuchtkraft und Intensität der Farbe.

3. Auswirkung auf Geschmeidigkeit und „Fall" der Seide.

BÜGELFIXIERBARE FARBEN

Bügelfixierbare
Seidenmalfarben,
z.B. JAVANA

Diese Farben werden durch einfaches Bügeln fixiert. Sie sind im strengen Sinn keine „echten" Seidenmalfarben, vielmehr handelt es sich um verdünnte Stoffmalfarben. Die Pigmentfarbstoffe der Farben werden beim Bügeln adhäsiv an die Faser gebunden. Ihre Haltbarkeit hängt von der Haftung des Bindemittels ab; es ist Träger des Farbstoffes und verbleibt im Stoff, was die Geschmeidigkeit der Seide negativ beeinflußt. Auch die Farbbrillanz ist im Vergleich zu anderen Seidenmalfarben nicht besonders hoch. Die Lichtechtheit ist gut, weniger die Wasch- und Reibechtheit.
Bestimmte Grundtechniken wie Aquarell- oder Alkoholtechnik lassen sich mit diesen Farben gar nicht oder nur unbefriedigend ausführen.

DAMPFFIXIERBARE FARBEN

Dampffixierbare
Seidenmalfarben,
z.B. AVANTGARDE

Hierbei handelt es sich um Säure- und Metallkomplexfarbstoffe, es sind „echte" Seidenmalfarben. Die Farbpigmente gehen mit der Seidenfaser eine sehr haltbare und dauerhafte Verbindung ein. Bei der Dampffixierung öffnet der heiße Wasserdampf die Faser, die Farbstoffmoleküle können eindringen und verbleiben so dauerhaft im Seidengewebe. Diese Farbstoffart zeichnet sich durch hohe Brillanz, aber weniger gute Lichtechtheit aus.

FARBEN MISCHEN

Man benötigt sieben Farben, um alle Farbtöne zu mischen:

Ein Rot (Rot 1), das man als Ziegelrot bezeichnen könnte, zum Mischen von Orangetönen; ein weiteres Rot (Rot 2), das man als leuchtendes Weinrot bezeichnen könnte, zum Mischen von Violettönen; außerdem Blau, Gelb, Grün, Braun und Schwarz.

ROT 1 wird verändert mit Gelb, Braun, Gelb und Wasser.
Rot 1 + Gelb = Orange

ROT 2 wird verändert mit Blau, Schwarz und Wasser.
Rot 2 + Blau = Violett

BLAU wird verändert mit Rot 1, Rot 2, Grün, Gelb, Schwarz und Wasser.
Blau und Rot 2 = Violett

GELB wird verändert mit Rot 1, Rot 2, Braun und Wasser.
Gelb + Rot 1 = Orange
Gelb + Rot 2 + Wasser = Lachs
Gelb + Blau = Grün

BRAUN wird verändert mit Rot 1, Rot 2, Gelb, Grün, Schwarz und Wasser.

GRÜN wird verändert mit Gelb, Blau, Braun, Rot 1, Rot 2, Schwarz und Wasser.

Die Farbtöne ändern sich je nach Anteilen der Farben. Am besten ist es, wenn man die gemischte Farbe auf einem Seidenstückchen ausprobiert, bevor sie auf den Stoff aufgetragen wird.

Durch Hinzugeben von Wasser oder dem auf der Flasche angegebenen Farbverdünner werden Farben heller; durch Hinzufügen von Schwarz werden sie dunkler und matter.

MISCHEN IN EINEM GEFÄSS ODER AUF EINER PALETTE

Ein praktisches Hilfsmittel ist eine Pipette, mit der die Farbe tropfenweise dosiert werden kann. Gemischt wird mit einem Pinsel. Diese Methode hat den Vorteil, daß das Resultat vor der Verarbeitung zu sehen ist und nicht erst auf dem Stoff.

MISCHEN DIREKT AUF DEM STOFF

Hier mischen sich die Farben durch Übermalen von Farbflächen: Zuerst mit einer Farbe, z.B. Gelb, einige Flächen malen. Nach dem Trocknen eine zweite Farbe (Rot) zum Teil über die gelben Flächen malen. An den Übergangsflächen entsteht als Mischfarbe Orange.

DAMPFFIXIEREN

Der Fachhandel bietet spezielle Geräte an oder fixiert Seidentücher preiswert im Kundenauftrag.

Auch im Dampfdruck-Kochtopf kann fixiert werden:

1. Die bemalte Seide zwischen zwei Lagen Fixierpapier (Fachhandel) oder Baumwollstoff legen und aufrollen.

2. Die Rolle schneckenförmig eindrehen und mit Bindfaden zusammenbinden.

3. Das Päckchen in Alufolie wickeln, damit kein Kondenswasser drauftropfen kann. Die Alufolie an den Seiten nicht verschließen, damit Dampf eindringen kann.

4. Das Fixiergut in den Einsatz des Dampfkochtopfes legen, dessen Boden mit ausreichend Wasser bedeckt ist, und zwei bis drei Stunden im Dampf lassen.

5. Nach einer Ruhezeit von einigen Stunden oder auch Tagen den Farbüberschuß mit reichlich Wasser auswaschen.

6. Das Tuch in noch feuchtem Zustand bügeln.

AQUARELLTECHNIK

Die Aquarellmalerei ist eine der wichtigsten Grundtechniken der Seidenmalerei, sie arbeitet nur mit Wasser und Farbe. Durch das Verlaufen der flüssigen Farben entstehen interessante Effekte. Es gibt mehrere Verfahren, die oft kombiniert werden.

NASS-AN-NASS

Diese Technik eignet sich für die Gestaltung von Flächen, weniger für gegenständliche Darstellungen. Da schnell gearbeitet wird, sollten die Farben schon vorher bereitstehen. Die Farbe auf die trockene Seide auftragen und mit der nächsten Farbe unmittelbar weitermalen, ohne daß die erste Farbe angetrocknet ist. Die Farbränder verlaufen so ineinander. Den Pinsel immer auswaschen, bevor er in die nächste Farbe getaucht wird.

SEIDE
z.B. Pongé 05

FARBEN
dampffixierbare
Seidenmalfarben

PINSEL
Flächenpinsel Nr. 18
Pinsel Nr. 5

NASS-AUF-NASS

Diese Technik eignet sich gut für Landschaften und Blumen, erfordert aber Konzentration und schnelles Arbeiten. Die Farbe wird auf die feuchte Seide aufgetragen. Sie fließt weniger schnell und weiter auseinander als auf trockener Seide, die Spuren der Pinselführung bleiben sichtbar. Die verzögerte Fließfähigkeit der Farben läßt sich gezielt für die Gestaltung einsetzen. Die Bemalung muß fertig sein, bevor die Seide trocken ist.

16

NASS-GEGEN-TROCKEN

Diese Technik eignet sich für gegenständliches Malen. Wenn eine trockene Farbfläche von flüssiger Farbe oder Wasser berührt wird, entsteht ein gut sichtbarer Grenzrand. Die Breite des Randes hängt vom Feuchtigkeitsgrad der aufgebrachten Farbe ab, seine Intensität von der Farbstärke der angetrockneten Farbe. Bei dunklen, trockenen Farben mit Schwarzanteil werden die Ränder besonders ausdrucksvoll, wenn hellere Farben dagegengesetzt werden.

NASS-AUF-TROCKEN

Bei dieser Technik wird auf trockenem Untergrund gemalt. Es gibt drei Verfahren:

1. Malen auf unbehandelter Seide:
Das Malen auf unbehandelter Seide erfordert Konzentration, Geduld und einen sparsamen Farbauftrag. Beim anschließenden Anlegen des Hintergrundes von außen nach innen immer heller malen, damit die Seide um das Motiv herum hell ist und keine Feuchtigkeit an die trockene Malerei dringt.

2. Malen auf mit Farbe grundierter Seide:
Die Seide mit zarter Farbe abtönen und trocknen lassen. Bei jedem Farbauftrag entstehen Ränder.

3. Malen auf präparierter Seide:
Die Seide mit Malgrund, z.B. mit Salzlösung oder
verdünnter Gutta, undurchlässig machen (imprägnieren). Dieses Verfahren eignet sich besonders gut
für gegenständliches Malen. Die entstandenen Bilder
sind Aquarellen auf Papier sehr ähnlich.

Bei allen drei Möglichkeiten kann der Entwurf mit
Phantomstift skizziert werden.

*Landschaftsbild „Bergsee": Hier werden verschiedene
Techniken kombiniert: Naß-auf-trocken und Naß-
gegen-trocken. Das Bild von oben nach unten, oder
perspektivisch gesprochen, von hinten nach vorn malen.*

SALZTECHNIK

Die Salztechnik kann willkürlich oder gezielt eingesetzt werden. Man kann Salzkörner oder flüssige Salzlösungen verwenden. Die Wirkung von Salz auf feuchter, bemalter Seide beruht darauf, daß Salz Wasser anzieht. Die Salzkörner ziehen mit der Feuchtigkeit auch die darin enthaltenen Farbpigmente an, die sich um das Salzkorn herum konzentrieren. Da die Farbe den angrenzenden Partien dadurch entzogen wird, entstehen aufgehellte Flächen und bizarre Muster. Welche Form diese Gebilde haben, hängt ab von der Fließfähigkeit der Farben, von der Stärke und Webart der Seide, von der Feuchtigkeit und davon, wie waagrecht oder schräg die feuchte Seide liegt.

Für die Salztechnik eignet sich gewöhnliches, trockenes Haushaltssalz in verschiedenen Körnungen, man braucht kein Spezialsalz. Nie Jodsalz verwenden.

Die Seide darf nur feucht, nicht naß sein, sonst entsteht ein unsauberer Fleck. Die deutlichsten Effekte werden erreicht, wenn sich die Salzkörner nicht berühren.

Sollen auf der Seide nur einige Flächen im Salzeffekt gestaltet werden, zuerst die Teile malen, die ohne Salz bleiben sollen, und diese trocknen. Dann die restlichen Teile malen und das Salz aufstreuen.

Immer die Pinsel gründlich auswaschen: Salz greift die Metallfassungen an und verdirbt die Farben in den Näpfen. Auch die Seide wird angegriffen: Mit Salz bearbeitete und fixierte Malereien immer schnell auswaschen.

SEIDE
z.B. Pongé 05

FARBEN
dampf- oder
bügelfixierbare
Seidenmalfarben

PINSEL
Flächenpinsel Nr. 18
Pinsel Nr. 5

HILFSMITTEL
grobes Siedesalz
Kochsalz
Fön

UNGEZIELTES STREUEN VON SALZ

1. Die Farben mit dem Flächenpinsel zügig nebeneinander auf die Seide auftragen.

2. Das Salz vorsichtig mit Abstand auf die feuchte Seide streuen und die Wirkung beobachten.

3. Gefällt das Muster, die Arbeit trockenfönen.

4. Nach Belieben einige Partien auswaschen: Pinsel in Wasser tauchen und Bögen über die gesalzene, trockene Seide malen. Warten, bis deutliche Zackenränder entstanden sind, dann trockenfönen.

MALEN MIT SALZLÖSUNG

1. Soviel Salz in ein Glas Wasser schütten, bis es sich nicht mehr auflösen kann (gesättigte Lösung).

2. Die Seide zügig mit vorbereiteten Mischfarben bemalen. Warten, bis die Seide nur noch feucht, nicht naß ist.

3. Muster mit einem feinen Pinsel und Salzlösung malen.

4. Den Pinsel nach dem Malen gründlichst reinigen.

ALKOHOLTECHNIK

Die Alkoholtechnik ist nur mit traditionellen Seidenmalfarben durchführbar, die Alkohol und Wasser enthalten
und sich durch heißen Wasserdampf fixieren lassen.
Alkoholeffekte entstehen nur auf bemalter, vollständig
getrockneter und unfixierter Seide. Der Alkohol löst die
Farbe an und treibt die Farbpigmente nach außen.
Dadurch entsteht ein dunkler, kantiger Rand, der nicht
ausgezackt wie ein Wasserrand (siehe Aquarelltechnik),
sondern linear, wie mit einem Stift gezeichnet, wirkt.
Das bedeutet, daß mit Alkohol eine gezielte Gestaltung
erreicht werden kann, da kein unkontrolliertes Verlaufen
der Farben zu befürchten ist. Voraussetzung dafür ist
allerdings, daß der Pinsel vor dem Auftragen auf die Seide
gut abgestreift wird.
Verwendet wird ein 70 bis 90%iger Alkohol, der in der
Apotheke erhältlich ist. Achtung: Bei der Verarbeitung
und beim Trocknen verdunsten Dämpfe. Alkoholdämpfe
sind nicht gesundheitsgefährdend, atmet man sie jedoch
zu intensiv ein, können sie ermüdend wirken. Lüften ver-
schafft Abhilfe.

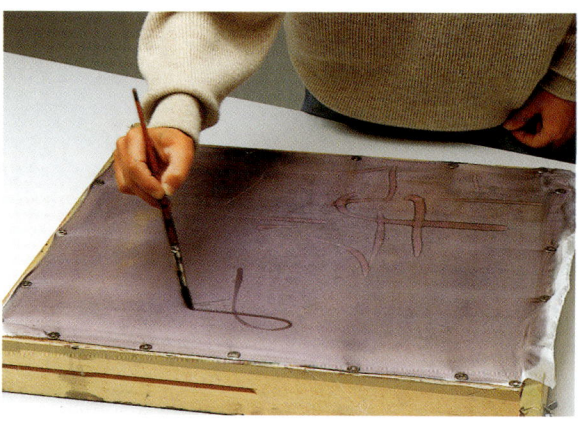

2. Den Pinsel mit Alkohol tränken und anschließend
am Glasrand etwas abstreifen. Linien schwungvoll
auftragen, sie trocknen sofort.

SEIDE
Pongé 05

FARBEN
dampffixierbare
Seidenmalfarben
Beispiel Tiefentechnik:
Lila (Rot 2 + Blau)
Beispiel Schichttechnik:
Rot 1, Gelb, Blau

PINSEL
Rotmarderpinsel oder
Japanpinsel
Flächenpinsel

HILFSMITTEL
Alkohol
Fön
Lappen

TIEFENTECHNIK

1. Den Seidenstoff einfarbig bemalen. Bei der Farb-
wahl darauf achten, daß es sich um gemischte Farbe
handelt. Die Grundfarben Gelb, Blau und Rot für
sich geben wenig schöne Effekte. Die Seide vollständig
trocknen lassen oder mit dem Fön trocknen.

1. Die Seide in mehreren Farben grundieren, z.B. die drei Grundfarben ineinander aquarellierend arbeiten. Die Seide vollkommen trocknen lassen.

2. Den Alkohol mit einem Flächenpinsel in breiten Bahnen über die Seide ziehen. Die Bahnen so ziehen, daß sie sich nicht berühren: Auf keinen Fall über eine noch feuchte Bahn malen, da dies einen unkontrollierten Verlauf zur Folge hätte. Die Seide vollkommen trocknen lassen.

3. Wieder Alkohol in Bahnen auftragen und auch hier darauf achten, daß sich feuchte Bahnen nicht berühren oder überlagern.

KONTURENTECHNIK

Flüssige Farben verlaufen auf dem Seidengewebe. Mit einem speziellen Trennmittel gezogene Linien dichten den Stoff ab und bilden für den Farbfluß eine Grenze. So werden verschiedene Farbflächen und Muster getrennt. Gutta oder wasserlösliches Konturenmittel sind die gebräuchlichsten Trennmittel. Sie können auch als Gestaltungsmittel eingesetzt werden.

GUTTA

Gutta ist das Harz des Kautschukbaumes. Die von Natur aus zähfließende Substanz wird mit Waschbenzin flüssiger gemacht. Im Handel wird sie in einer für die Seidenmalerei optimalen Konsistenz angeboten. Gutta immer gut verschlossen halten, sonst trocknet sie ein. Ist dies geschehen, kann sie mit Waschbenzin verdünnt werden. Gutta wird von Wasser oder Farbe nicht angelöst. Sie ist selbst bei dichter gewebten Seidenstoffen ein sicheres Trennmittel.

Im Fachhandel wird auch farbige Gutta angeboten. Bei farbiger Gutta (Schwarz, Braun, Blau, Rot usw.) wird die Farbe im Kleiderbad zum größten Teil entfernt, der Farbton wird schwächer.

Auch Gold- und Silbergutta sind nicht reinigungsbeständig. Durch mechanischen Abrieb lösen sich die Metallpigmente, daher sind sie nur für Bilder, nicht für Tücher und Kleidung zu empfehlen.

WASSERLÖSLICHES KONTURENMITTEL

Dieses Konturenmittel wird künstlich hergestellt. Es ist durch Waschen entfernbar. Die Konturen sollten vor dem eigentlichen Bemalen drei bis vier Stunden trocknen, sonst kann die Farbe das Konturenmittel wieder anlösen und weiterlaufen. Probleme können bei dickeren Stoffen auftreten, wenn das Mittel das Gewebe nicht durchdringt und richtig abdichtet. Neben dem farblosen Konturenmittel gibt es im Handel auch wasserlösliche Trennmittel in den verschiedensten Farben, auch in Gold und Silber. Dabei muß die Fixierungsart beachtet und ausgeführt werden, sonst löst sich die Konturenfarbe beim späteren Waschvorgang.

TIP

Es gibt kein spezielles Konturenmittel für eine bestimmte Farbe. Gutta hat sich in der Praxis als sicherer bewährt.

RESERVIERUNG MIT GUTTA

Das Prinzip dieser Technik ist, ähnlich wie bei der Wachsbatik, die „Reservierung" einer Farbe. Die gefärbte (bzw. weiße) Seide wird durch einen Guttaauftrag an den Stellen, die diese Farbe behalten sollen, abgedichtet. Hier nimmt die Seide keine Farbe mehr an, es bleibt der Farbton erhalten, der unter dem Guttaauftrag liegt. Die frei bleibenden Flächen werden wie gewünscht bemalt, danach folgt eventuell wieder ein Guttaauftrag, dann wieder Farbe usw. Zwischen den einzelnen Schritten muß die Seide getrocknet werden, am besten mit Hilfe eines Föns.

KONTURENTECHNIK: BEISPIEL SONNENBLUMEN

1. Den Rahmen abkleben und das Tuch aufspannen.

2. Mit gelber Gutta eine Randlinie ziehen und trockenfönen.

3. Den Rahmen wenden und auf die Vorlage legen.

4. Das Motiv mit Phantomstift abpausen.

5. Die Blüten abwechselnd mit gelber oder brauner, die Blätter mit grüner Gutta zeichnen.

6. Für die Blüten verschiedene Gelbtöne mischen: in das unverdünnte Gelb ein Tröpfchen Braun oder in das unverdünnte Gelb ein Tröpfchen Braun und ein Tröpfchen Rot. Für einige Blütenblätter das Gelb unverändert lassen. Bei jedem Blütenblatt innen mit dunklerer Farbe ansetzen, diese nach außen verdünnen oder nach außen mit hellerer Farbe weitermalen. Farben und Pinsel bei jedem Blütenblatt wechseln.

7. Die Blätter grün malen. Wenn sie trocken sind, einige Wassertupfer in die Grünflächen geben, so entstehen Blattstrukturen.

8. Die inneren Ovale der Sonnenblumen braun ausmalen.

9. In die getrockneten Innenovale mit feinem Pinsel und Wasser sich kreuzende Linien ziehen. Sie deuten Fruchtstände an.

10. Blau mit Fließmittel verdünnen und den Fond bemalen. Den Rand gelb ausmalen.

WACHSTECHNIK

Die Wachsmalerei auf Seide ist eine Kombination aus Batik und Seidenmalerei, mit der sich sehr dekorative Muster gestalten lassen. Durch das abwechselnde Auftragen von Wachs und Farbe entstehen wirkungsvolle Farbverläufe und malerische Effekte.

SEIDE
Crêpe de Chine
Pongé 6 bis 14

FARBEN
dampffixierbare
Seidenmalfarben

PINSEL
Wachsauftrag:
Borstenpinsel (keine
Nylonborsten)
Farbauftrag: Haarpinsel

HILFSMITTEL
Paraffin oder unge-
färbtes Kerzenwachs
Wachsschmelztopf
Tjanting (Kännchen
mit feinem
Auslaufröhrchen
aus Kupfer oder
Messing, an einem
Holzstiel befestigt)
Phantomstift
Tuch oder Küchenkrepp
Bügeleisen
Zeitungspapier

Wachsschmelztopf, Paraffinpastillen, Tjantings, Pinsel und Seide.

1. Das gewaschene und getrocknete Seidentuch auf-spannen.

2. Das Wachs erhitzen und breitflächige Linien mit einem Borstenpinsel auf die Seide auftragen. Den Pinsel nach dem Eintauchen leicht am Rand des Topfes abstreifen. Zu kaltes Wachs erscheint stumpf und weiß, zu heißes Wachs läßt die Linien zu breit auslaufen. Bei richtiger Temperatur ist das Wachs nach dem Auftragen fast durchsichtig.
Feinere Muster mit dem Tjanting auftragen. Den Tjanting in das geschmolzene Wachs tauchen und erhitzen. Nur zu zwei Dritteln mit Wachs füllen. Den Tjanting wie einen Bleistift fassen, in der linken Hand ein Tuch bereithalten, um Tropfen abzuwischen. Sobald der Tjanting von der Seide abgehoben wird, die Tülle mit dem Tuch umschließen.

3. Nachdem das Wachs getrocknet ist, eine oder mehrere Farben auftragen. Über alle Wachslinien und -flächen hinwegmalen. Das Wachs reserviert die darunterliegende weiße Seide. Auf den Wachsflächen bleibt die Farbe in kleinen Perlen stehen. Sie können der fertigen Arbeit einen besonderen Effekt verleihen. Wirkt das Muster durch sie zu unruhig, empfiehlt es sich, sie in feuchtem Zustand abzutupfen. Die Seide sehr gut trocknen lassen.

4. Der zweite Wachsauftrag reserviert die zuvor auf-gemalten Farben. Die Wachslinien mit einem breiten Borstenpinsel parallel zum ersten Wachsauftrag auf-tragen.

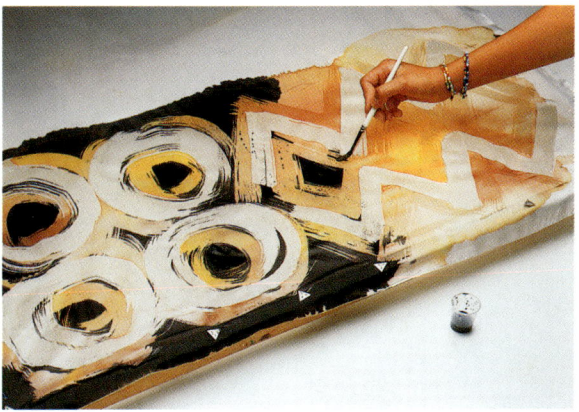

5. Der zweite Farbauftrag läßt das zuvor gewachste Muster deutlich zur Geltung kommen. Die gesamte Fläche in Schwarz übermalen. Die fertig bemalte Arbeit einen Tag lang trocknen lassen.

6. Bügelbrett oder Tisch mit einem dicken Stapel Zeitungspapier abdecken. Nur ältere Zeitungen verwenden, um ein Abdrucken frischer Druckerschwärze zu vermeiden.
Das gewachste Seidenstück auf das Zeitungspapier legen und mit einer Doppelseite Papier abdecken. Das Wachs durch Bügeln abtragen. Bei jedem Bügelvorgang das Papier erneuern. So lange bügeln, bis kein Wachs mehr auf den Zeitungen zu sehen ist. Wachsränder oder Flecken auf der Seide verschwinden völlig beim anschließenden Fixieren der Seide.

GEOMETRISCHE MUSTER

1. Das Tuch mit einem Phantomstift in sechzehn große Quadrate unterteilen. Kreise, Striche, Wellenlinien, Zacken und Punkte vorzeichnen.

2. Das erhitzte Wachs mit einem Borstenpinsel auf die vorgezeichneten Linien auftragen. Beim Malen der Muster den Pinsel auf der Seide kurz stärker aufdrücken und danach schwach über den Stoff führen. Punkte mit dem Pinsel aufspritzen, zuvor die übrigen Quadrate mit Karton abdecken. Wachs erkalten lassen.

3. Das Tuch bemalen und vollständig trocknen lassen.

4. Mit Wachs neue Kreise neben die schon gemalten setzen, Wellenlinien parallel zeichnen, waagrechte Linien mit senkrechten Strichen kreuzen usw.

5. Der letzte Farbauftrag erfolgt mit Schwarz.

25

BATIKEFFEKTE

Mit dieser Technik lassen sich bei geringem Zeitaufwand wirkungsvolle Kleidungsstücke oder Tücher mit ungewöhnlichen Farbstrukturen herstellen. Zuerst wird die Seide wie unten beschrieben grundiert, dabei entstehen Strukturen, deren Effekt mit dem von Batikarbeiten vergleichbar ist. Die Ergebnisse können nach dem Trocknen weiter ausgestaltet werden, und es entstehen Tücher wie die Sonnenblumen von Seite 46 und die Dahlien von Seite 47. Der Reiz dieser Technik liegt in der Kombination von Experiment und bewußter Gestaltung.

3. Mit einem Wäschebefeuchter die Seide auf jeder Kugel mit Wasser besprühen. Auf jeder Kugelspitze den Daumen aufsetzen und nach rechts drehen. Dadurch werden die an den Seiten der Kugeln dick aufeinanderliegenden Falten der Seide nach oben gezogen. Wenn sich die Seidenspiralen von der Kugel lösen, den Stoff noch einmal befeuchten und mit der Handfläche an die Kugel andrücken.

SEIDE
Pongé 06, 90 x 90 cm

FARBEN
dampffixierbare
Seidenmalfarben,
hier in Goldgelb,
Smaragd, Türkis,
Taubenblau

HILFSMITTEL
4 Plastikhalbkugeln
(Ø 10 cm)
größere Plastikfolie
Glasplatte
Wäschebefeuchter
70%iger Alkohol

1. Plastikfolie ausbreiten, Glasplatte darauflegen. Das gewaschene, nasse Tuch auslegen und eine Halbkugel in die Mitte des unteren, rechten Viertels schieben. Die Kugel langsam nach rechts drehen, d.h. die Seide eindrehen. Die zweite Halbkugel in die Mitte des darüberliegenden Viertels legen, die erste Kugel mit der linken Hand festhalten und auch die zweite Kugel nach rechts drehen.

4. Mit einem großen Pinsel die Farben Goldgelb, Smaragd, Türkis und Taubenblau auftragen. Die Art des Farbauftrages kann den Verlauf der Falten betonen. Zum Schluß mit dem Pinsel etwas Alkohol auftragen, damit die Farben sanft ineinanderfließen. Die flach aufliegenden, größeren Falten, welche die Kugeln umgeben mit einem Pinselstiel in kleine Fältchen zerteilen. Das Tuch trocknen lassen und eventuell weiter ausgestalten.

2. In die Mitte des linken, unteren Viertels die dritte Halbkugel legen. Während des Drehens die anderen beiden mit der rechten Hand festhalten. Die letzte Halbkugel unter das letzte Viertel schieben und ebenfalls wie beschrieben eindrehen.

ABDRUCKTECHNIK

Bei dieser Technik wird nicht direkt auf die Seide gemalt, sondern auf eine glatte, stabile Resopalplatte, eine Glasscheibe oder auf eine auf den Arbeitstisch aufgespannte Folie. Die aufgebrachten Farben können gezielt oder willkürlich mit unterschiedlichen Hilfsmitteln strukturiert werden. Die auf den Rahmen gespannte Seide wird nun auf die Farb- und Formgestaltung gelegt und angedrückt, um die verdickte Farbe aufzusaugen. Nach Abheben der Seide erhält man einen einmaligen Abruck, den man durch Übermalen mit flüssiger Farbe noch verändern oder ergänzen kann.

4. Den mit Seide bespannten Rahmen umdrehen und auf die Monotypie legen. Den Stoff eventuell mit etwas Küchenkrepp andrücken. Etwa eine halbe Minute einwirken lassen und danach wieder abnehmen. Die Gestaltung mit verdickter Farbe hat sich auf die Seide übertragen.

SEIDE
Pongé ab Stärke 08
alle Satin-Arten
Crêpe de Chine

FARBEN
dampffixierbare
Seidenmalfarben

PINSEL
Flächenpinsel

HILFSMITTEL
Farbverdicker
Glasscheibe oder
Resopalplatte oder
Plastikfolie
Spachtel
Karton
Pappe
Küchenkrepp

1. Den Verdicker mit der Seidenmalfarbe im Verhältnis 1:1 anrühren. Da er wasserlöslich ist, hat er sich mit der Farbe in kurzer Zeit zu einer homogenen, zähflüssigen Masse verbunden. Es gibt keine optimale Konsistenz, die Masse kann ruhig auch einmal etwas dünnflüssiger bzw. zäher sein.

2. Kleckse der Farbmasse auf den Malgrund geben. Hier besteht der Malgrund aus einer dünnen, auf die Tischplatte geklebten Plastikfolie. Es kann mit einer oder mehreren Farben gearbeitet werden. Das Ganze mit einem Spachtel, Pinsel oder ähnlichem verstreichen.

5. Die vorher ausgekratzten Stellen sind nun auf dem Seidenstoff weitgehend weiß. Trocknen lassen und dann mit flüssiger Seidenmalfarbe weiter bearbeiten.

3. Formen, Linien usw. aus der Farbschicht herauskratzen. Dazu ein Stück Pappe verwenden. Küchenkrepp zum Abstreifen der überschüssigen Farbmasse bereithalten.

29

Themen & Motive

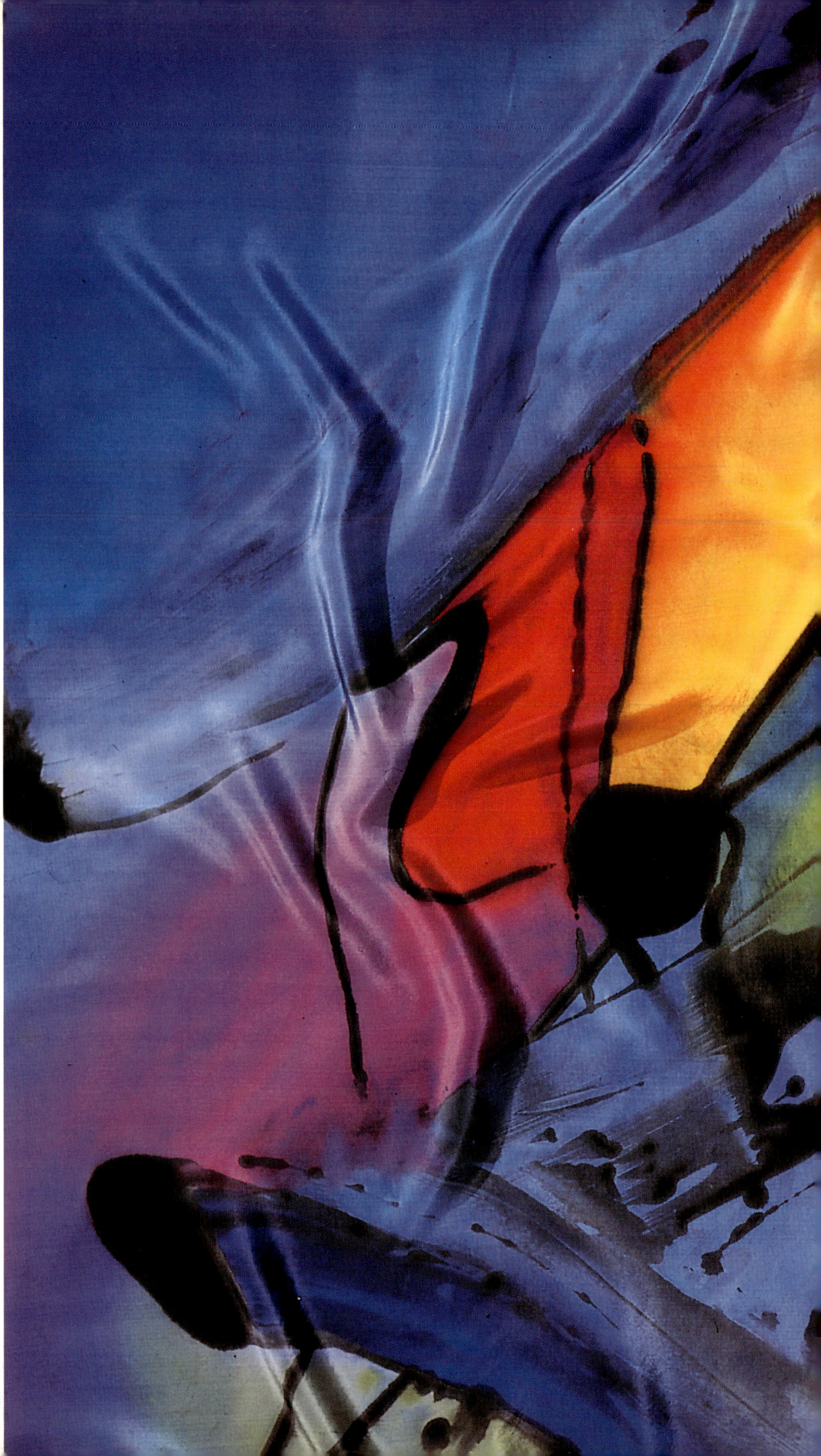

ORNAMENTE

SEIDE
Pongé 05,
z.B. 45 x 140 cm

FARBEN
dampffixierbare
Seidenmalfarben in
Maigrün, Türkis,
Kobaltblau

PINSEL
Haarpinsel

HILFSMITTEL
Bleistift
Lineal
lange Leiste
Gutta in Gold

1. Die Maße des Seidenschals sind für die Größe und für die Plazierung des Ornamentes bestimmend, das Motiv entsprechend anpassen und aufzeichnen.

2. Die Zeichnung mit zwei Klebestreifen auf einen festen Karton kleben, den Karton auf einige Bücher legen und den Seidenmalrahmen mit der aufgezogenen Seide darüberstellen. Die Seide sollte auf der Zeichnung aufliegen.

3. Parallel zur linken Kante des Schals mit Hilfe einer Leiste eine Bleistiftlinie (Ansatzlinie für das Motiv) ziehen.

4. Die Motivzeichnung mit Bleistift auf die Seide übertragen.

5. Die stilisierten Blüten und Blätter mit Mischfarben aus Maigrün und Türkis ausmalen. Für den Blütenansatz Türkis mit Kobaltblau abdunkeln.

6. Das Ornament mit unverdünntem Türkis umgeben.

7. Den schmalen Streifen am Rand des Ornamentbandes zweimal mit Kobaltblau malen.

8. Den Hintergrund des Ornamentbandes mit stark verdünntem Türkis gestalten.

33

SEIDE
Pongé 05,
z.B. 45 x 140 cm

FARBEN
dampffixierbare
Seidenmalfarben in
Goldgelb, Karmin,
Havanna,
Dunkelbraun

PINSEL
Haarpinsel

HILFSMITTEL
Bleistift
lange Leiste
Gutta in Gold

1. Das Grundelement des Motivs auf Transparentpapier zeichnen, die Größe des Motivs den Maßen des Seidenschals entsprechend anpassen.

2. Die Zeichnung mit zwei Klebestreifen auf einen festen Karton kleben, den Karton auf einige Bücher legen und den Seidenmalrahmen mit der aufgezogenen Seide darüberstellen. Die Seide sollte auf der Zeichnung aufliegen.

3. Die Mittellinie des Schals ermitteln und mit Hilfe einer Leiste anzeichnen.

4. Das Ornament aus den einzelnen Elementen zusammensetzen und mit Bleistift auf die Seide zeichnen.

5. Das Ornament mit verschiedenen Mischfarben aus Goldgelb und Havanna, Havanna und Karmin sowie Dunkelbraun und Karmin ausfüllen.

6. Den Hintergrund mit einer Mischung aus Dunkelbraun und Karmin bemalen.

GRAFISCHE MOTIVE

SEIDE
Crêpe de Chine:
Kissen, Meterware

FARBEN
dampffixierbare
Seidenmalfarben in
Citrongelb, Goldgelb,
Purpurrot, Sahara,
Türkis, helles Violett,
Hellblau, Blau

PINSEL
Borstenpinsel Nr. 12,
Aquarellpinsel Nr. 14

HILFSMITTEL
Wachs
Tjanting (1 mm Ø)

1. Die Seide für den Vorhang auf den längsten Rahmen aufspannen. Falls er zu kurz ist, einfach die Stoffbahn überhängen lassen. Das Muster kann problemlos immer wieder umgespannt und weitergeführt werden: Über die gesamte Breite der Seide eine durchgehende Wachslinie ziehen, die sich aus den einzelnen Linien der Spiralen und Strahlen zusammensetzt. Auf diese Weise wird eine durchgehende Begrenzung für die Farbe geschaffen, es können keine Trocknungsränder entstehen.

2. Das Muster entweder vorzeichnen oder frei mit dem Tjanting auf die Seide malen. Die Spiralen einmal größer und einmal kleiner zeichnen, einmal mit dichteren, kreisförmigen Linien, einmal mit weiteren; keine Spirale soll der anderen gleichen.

3. Vom Mittelpunkt der Spiralen strahlenförmige Linien unterschiedlicher Länge nach außen ziehen. Das Wachs trocknen lassen.

4. Citrongelb, Goldgelb, Sahara, Türkis, Purpurrot, Violett und Hellblau in einzelnen Flächen auftragen (siehe Abbildung). Die Farben mischen sich auf der Seide. Die Farben vollständig trocknen lassen.

5. Den zweiten Wachsvorgang mit Borstenpinsel und Tjanting ausführen. Mit dem Borstenpinsel in und um die Spiralen herum neue breite Halbkreise und Kreise ziehen und ergänzend breite Strahlen hinzusetzen, so daß die Spiralen miteinander verbunden werden.

6. Die Innenflächen der Spiralen mit weiteren Tjanting-Linien ausfüllen. Je mehr Linien mit dem Wachs reserviert werden, umso farbiger und nuancenreicher erscheint später das Muster. Das Wachs trocknen lassen.

7. Die Seide ausschließlich mit blauer Farbe übermalen.

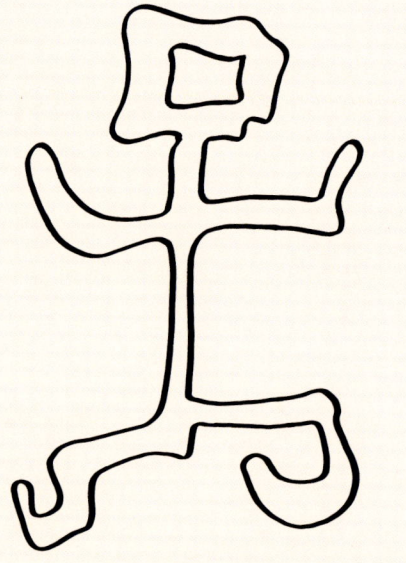

SEIDE
Crêpe de Chine

FARBEN
dampffixierbare
Seidenmalfarben in
Blau, Rot, Gelb,
Schwarz

PINSEL
Haar- und Borstenpinsel

1. Die Seide in einem verdünnten Blauton grundieren.

2. Nach dem Trocknen mit unvermischten, puren Grundfarben und mit Schwarz die Zeichen aufmalen.

38

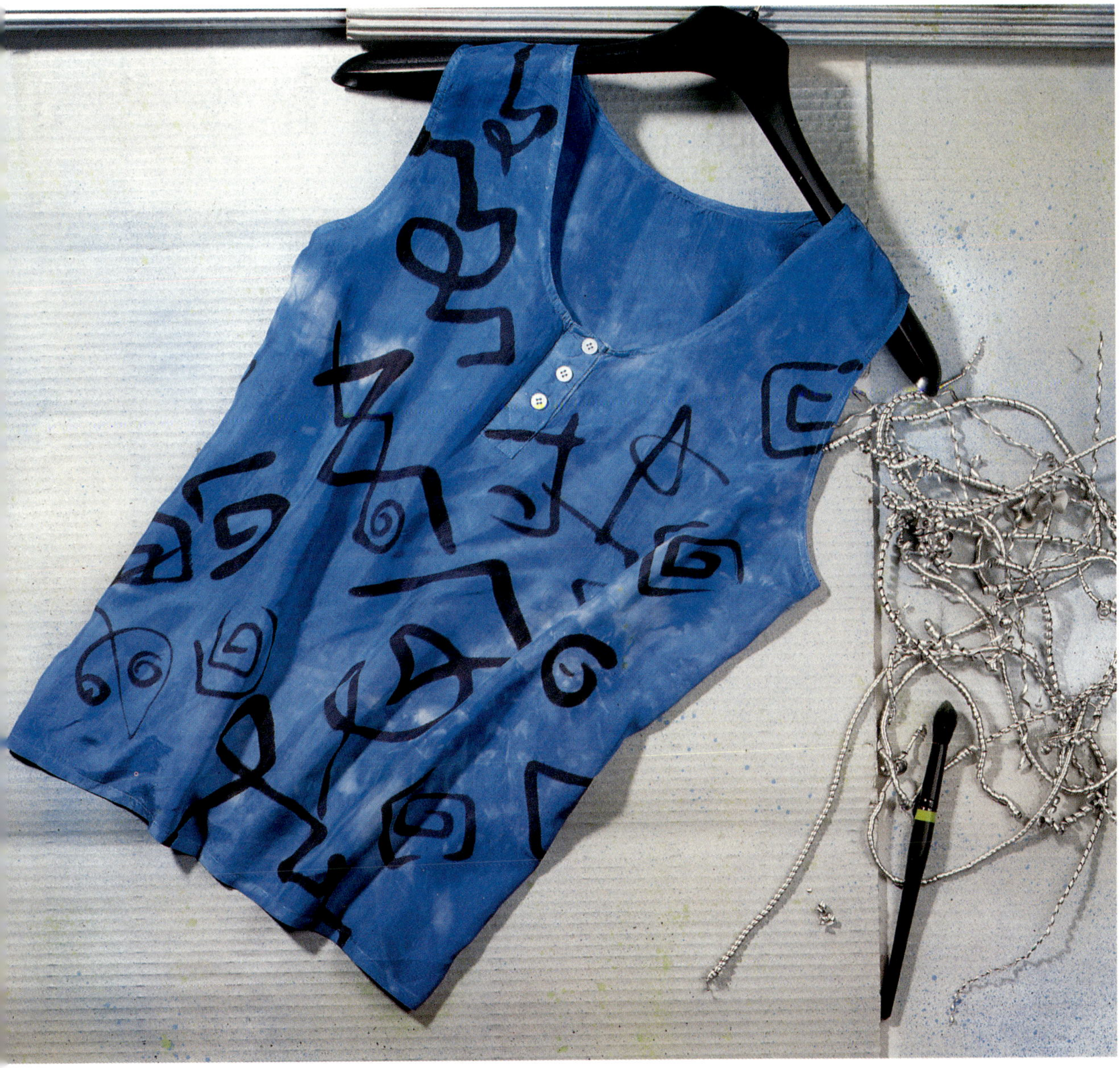

SEIDE
Shirt, Pongé 08

FARBEN
dampffixierbare
Seidenmalfarben in
Blau, Schwarz

PINSEL
Haarpinsel

HILFSMITTEL
Kochtopf aus
Emaille (wichtig)
Fön
Papier

Kleidung aus Seide läßt sich im Kochtopf einfärben
und fixieren.

1. Den Kochtopf so voll Wasser füllen, daß das Klei-
dungsstück ganz bedeckt sein wird.

2. Farbe hineinschütten. Zur Erzielung eines kräftigen
Farbtons wird eine größere Menge Farbe benötigt als
bei einem Pastellton. Kurz umrühren.

3. Das Shirt hineingeben und umrühren.

4. Den Kochtopf auf den Herd stellen und das Wasser
zum Kochen (leicht sprudelnd) bringen. Immer wieder
umrühren. Je länger die Seide kocht, desto intensiver
wird die Farbe. Seide verträgt hohe Temperaturen
problemlos. Shirt trocknen lassen.

5. Das Shirt auf einen Rahmen spannen. Ein Stück
Papier zwischen Vorder- und Rückenteil legen.

6. Mit Hilfe eines Föns kann ohne Konturmittel
gemalt werden: die aufgetragene Farbe sofort trocknen,
damit sie nicht verläuft.

39

$\mathcal{B}$LUMEN

SEIDE
Crêpe Satin,
35 x 140 cm

FARBEN
dampffixierbare
Seidenmalfarben in
Schwarz, Royal,
Lagune, Goldgelb,
Atlantik, Türkis

PINSEL
Synthetikpinsel Nr. 5
Kunsthaarpinsel Nr. 18

HILFSMITTEL
Konturenliner
Gutta in Gold
Fließmittel

VORLAGE B

1. Das Muster auf der Seide verteilen.

2. Rosen und Blätter aquarellierend ausmalen.

3. Die Farben der Rauten- und Dreiecksmotive beliebig zusammenstellen.

4. Den Hintergrund mit verdünntem Türkis und Royal (im Verhältnis 1:1 mit Fließmittel verdünnt) ausmalen.

BLUMENMOTIVE MIT AQUARELLTECHNIK

ZU DEN NUMMERN DER ABBILDUNG:

1. Schattierung mit einer Farbe
Etwa ein Drittel eines Blattes mit Farbe ausmalen. Den Pinsel auswaschen und noch feucht die Farbe ausstreichen. Darauf achten, daß die Ansatzstellen des Wasser- und Farbauftrages nicht mehr zu sehen sind.
1a. Durch zu starken Wasserauftrag hat sich beim Trocknen ein Rand gebildet.

2. Schattierung mit mehreren Farben
Bei der Blüte Gelb und Rot, bei den Blättern Gelb und Grün gegeneinander malen. An den Berührungsstellen entstehen Farbverläufe. Die noch feuchte Farbe mit dem ausgewaschenen Pinsel verstreichen.
2a. Kein fließender Übergang, weil beim Verstreichen zuwenig Wasser verwendet wurde.

3. Schattierung mit Salzeffekten
Wenn, wie bei 2a, das Ineinanderlaufen der Farben nicht glückt, so läßt sich durch Bestreuen mit Salz ein reizvoller Effekt erzielen.

3a. Schattierung mit feuchtem Untergrund
Das Blütenblatt stark anfeuchten. Anschließend nur an einer Stelle sehr sparsam Farbe auftragen und mit Wasser getränktem Pinsel verreiben.

4. Akzente mit unverdünnter Farbe
Streifen mit unverdünnter Farbe aufmalen.
4a. Die feinen Linien aus unverdünntem Schwarz mit einem dünnen Pinsel auftragen. Den Pinsel nach dem Eintauchen in die Farbe auf einem Papiertuch ausstreichen, damit die Linien dünn werden.

40

SEIDE
Crêpe de Chine,
90 x 90 cm

FARBEN
dampffixierbare
Seidenmalfarben in
Braun, Goldgelb, Jade,
Atlantik, Aprikose

PINSEL
Haarpinsel

HILFSMITTEL
Phantomstift
Konturenliner
Fließmittel
Gutta für farbige
Konturen
(zum Einfärben)

VORLAGE C

1. Vorbereitung: Jeweils eine halbvolle Kartusche Gutta mit Jade bzw. Goldgelb färben: die wasserlösliche, farblose Gutta im Verhältnis 1:1 mischen und sehr gut verrühren. Das Gemisch ruhen lassen, damit sich die Komponenten verbinden.

2. Die Vorlage so auf das Tuch übertragen, daß ein geschlossener Kreis entsteht.

3. Die Muster mit der entsprechend gefärbten Gutta nachziehen bzw. die Pusteblumen mit farbloser Gutta zeichnen.

4. In Stielen und Blättern mit Braun Schatten setzen und aquarellartig ausmalen.

5. Die Blütenblätter mit Goldgelb bemalen, zu den Spitzen hin mit viel Wasser hellgelb auslaufen lassen. Die oberen Blätter der Blütenkrone mit Aprikose ausarbeiten.

6. Den Hintergrund mit Atlantik (im Verhältnis 1:1 mit Fließmittel verdünnt) ausmalen. Darauf achten, daß die weiße Gutta nicht übermalt wird, sonst verfärbt sie sich.

KISSEN

1. Das Muster mit Phantomstift übertragen.

2. Die Linien mit schwarzer Gutta nachzeichnen.

3. Die Blätter in Pistazie aquarellartig ausmalen. Die umgeklappten Blattränder mit unverdünnter Farbe malen.

4. Die Seerosen erhalten am äußeren Rand ein kräftiges Goldgelb. Für die zarte Färbung im Innern der Blütenblätter Fließmittel in jede Fläche geben, dann etwas Goldgelb an den unteren Rand tupfen und vorsichtig verreiben.

5. Das Blüteninnere mit unverdünntem Goldgelb malen.

6. Den Hintergrund und die Kissenrückseite mit verdünntem Royal färben. In das noch nasse Blau etwas Olive reiben.

TUCH

1. Beim Zusammenstellen des Musters beachten: Die Blätter und Stiele sollten sich so überschneiden, daß die untere Tuchhälfte einen abgeschlossenen Bereich bildet.

2. Gutta aufbringen.

3. Die Stiele der Rohrkolben in Cognac, die Kolben in Braun ausmalen.

4. Die Iris- und Schilfblätter mit verschiedenen Grüntönen in Hell-Dunkel-Schattierung bemalen.

5. Die Blüten mit Gelb und Goldgelb ausmalen.

6. Für den oberen Bereich des Hintergrundes Atlantik mit Fließmittel aufhellen und vorsichtig von oben nach unten zwischen den Blättern auftragen.

7. Für den unteren Bereich Royal und Saphir mischen, aufbringen und nach oben hin heller verreiben.

KISSEN:

SEIDE
fertiges Kissen aus
Crêpe Satin,
40 x 40 cm

FARBEN
dampffixierbare
Seidenmalfarben in
Royal, Dunkelgrün,
Goldgelb, Olive

PINSEL
Haarpinsel

HILFSMITTEL
Phantomstift
spezieller Kissenrahmen
Konturenliner
Gutta in Schwarz
Fließmittel

VORLAGE D

TUCH:

SEIDE
Crêpe Satin,
90 x 90 cm

FARBEN
dampffixierbare
Seidenmalfarben in
Atlantik, Goldgelb,
Cognac, Gelb, Saphir,
Olive, Tanne, Braun

PINSEL
Haarpinsel

HILFSMITTEL
Phantomstift
Konturenliner
Gutta in Schwarz
Fließmittel

VORLAGE E

43

SEIDE
Seidentop, an den
Längsseiten geöffnet

FARBEN
dampffixierbare
Seidenmalfarben auf
Wasserbasis in
Mohnrot, Maisgelb,
Messing, Lavendel,
Petrol, Schwarz

PINSEL
Grundierpinsel Nr. 20,
Borsten-Fächerpinsel
Rotmarderpinsel

HILFSMITTEL
farblose Gutta

1. Die Farben in Erdtönen mit Wasser im Verhältnis 1:1 verdünnen.

2. Mit einem breiten Pinsel die Farben nacheinander in kleinen Klecksen auf die Seide tupfen und trocknen.

3. Verdünnte Gutta mit einem Borsten-Fächerpinsel zu stilisierten Blüten, Knospen und Blättern auftragen. Die Gutta trocknen lassen.

4. Mit denselben Farben, die für die Grundierung verwendet wurden, übermalen, jetzt unverdünnte Farben verwenden. Die Farben ineinanderstreichen und trocknen lassen.

5. Mit schwarzer, unverdünnter Farbe und spitzem Pinsel alle Blüten großzügig umranden.

SEIDE

FARBEN
dampffixierbare
Seidenmalfarben auf
Wasserbasis in
Lavendel, Altrosé,
Maisgelb

PINSEL
Grundierpinsel Nr. 20
Borsten-Fächerpinsel

HILFSMITTEL
evtl. Pipette
farblose Gutta
Gutta in Schwarz

1. Die Farben mit Wasser im Verhältnis 1:1 verdünnen.

2. Die Farben mit der Pipette oder mit dem Pinsel als kleine Punkte auf die Seide tupfen und trocknen lassen.

3. Verdünnte Gutta mit dem Borsten-Fächerpinsel in den Formen von Blättern und Blüten auf die farbige Seide malen. Rasch arbeiten, die Gutta trocknet sehr schnell und ist dann auf der Seide kaum noch zu sehen. Gutta trocknen lassen.

4. Die Hintergrundfarben auftragen. Jeweils ein Viertel des Tuches von jeder Ecke aus mit einer anderen Farbe bemalen.

5. Die Umrisse der Blüten und Blätter großzügig mit schwarzer Gutta nachzeichnen und Blütenstempel einsetzen.

SEIDE
Pongé 06,
90 x 90 cm

FARBEN
dampffixierbare
Seidenmalfarben in
Goldgelb, Türkis,
Lila, Kobaltblau,
Tiefschwarz

PINSEL
Jax-Hair oder
Rotmarder

HILFSMITTEL
6 Plastikhalbkugeln
(8 cm Ø)
farblose Gutta

VORLAGE F

46

1. Sechs Kugeln nach der Zeichnung unter das nasse Seidentuch legen und nacheinander eindrehen.

2. Im Bereich der Kugeln überwiegend Türkis auftragen, stellenweise mit Goldgelb durchsetzt.

3. Um die Kugeln herum vor allem Goldgelb auftragen, das stellenweise mit etwas Lila eingefärbt wird und zum Rand hin in Kobaltblau übergeht. Das Tuch trocknen lassen.

4. Mit farbloser Gutta die Umrisse der Blütenblätter und Blätter sowie die Trennlinie für den Rand ziehen.

5. Den Mittelpunkt der Blüten mit Türkis und Kobaltblau bemalen.

6. Der erste und der dritte Ring der Blütenblätter bleiben unbemalt. Den mittleren Ring mit einem Farbengemisch aus Goldgelb und Lila ausfüllen.

7. Die Blätter mit einer Farbmischung aus Türkis und Kobaltblau bemalen.

8. Den verbleibenden Hintergrund bis auf den 7 cm breiten Rand tiefschwarz einfärben.

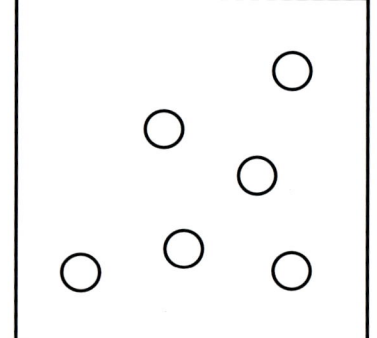

SEIDE
Pongé 06,
90 x 90 cm

FARBEN
dampffixierbare
Seidenmalfarben in
Goldgelb, Cognac,
Lila, Dunkelbraun

PINSEL
Jax-Hair oder
Rotmarder

HILFSMITTEL
3 Plastikhalbkugeln
(10 cm Ø)
farblose Gutta

VORLAGE G

1. Drei Kugeln nach der Zeichnung unter das nasse Seidentuch legen und nacheinander eindrehen.

2. Das Tuch vor allem mit Goldgelb unter Hinzufügung von Lila einfärben. Einzelne Falten mit Mischtönen aus Cognac und Lila betonen. Trocknen lassen.

3. Blüten und Blätter mit farbloser Gutta aufzeichnen.

4. Rahmen des Tuches: Rund um das Tuch, 4 cm vom Rand entfernt, eine Linie ziehen, etwa 1 cm nach innen versetzt eine zweite.

5. Jedes zweite Blütenblatt mit Farbmischungen aus Goldgelb und Lila bemalen, um die Blütenblätter farblich voneinander abzuheben.

6. Für die Blätter diesem Gemisch mehr Lila zufügen.

7. Den äußeren Rand, den Hintergrund und zum Teil das Innere der Blüten mit Mischtönen aus Lila und Dunkelbraun übermalen. Der schmale Rand bleibt unbemalt.

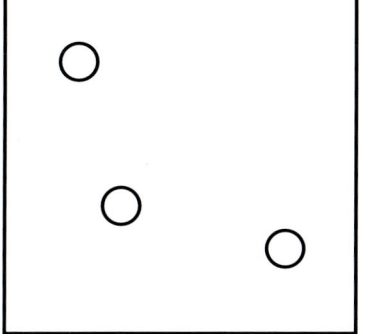

𝒯IERE

SEIDE

SCHIRM:
Seidenschirm 95 cm Ø

SCHAL:
Satin-Georgette,
180 x 55 cm

FARBEN
bügelfixierbare
Seidenmalfarben in
Karamel,
Haselnußbraun,
Pflaume, Schwarz,
Türkis

PINSEL
Nr. 6, Nr. 12, breiter
Flächenpinsel

HILFSMITTEL
Phantomstift
Küchenkrepp
bügelfixierbares
Konturenmittel
in Schwarz

SCHIRM

1. Das Motiv mit dem Phantomstift auf den Schirm übertragen und die Linien der Kuscheldecke ergänzen.

2. Mit bügelfixierbarem Konturenmittel alle Linien auf der Außenseite und auch auf den Nähten der Innenseite des Schirms nachziehen. Trocknen lassen.

3. Katze und Decke farblich ausgestalten und trocknen lassen.

4. Mit einer dünnen Pinselspitze und wenig Farbe feine Striche auf die Katze aufsetzen, die die Fellstruktur andeuten.

5. Den Hintergrund gestalten: Die Fläche mit einem breiten Grundier- oder Schwammpinsel anfeuchten, jedoch nicht zu naß, sonst läuft das Wasser über die unten aufgemalten Konturenlinien. Notfalls mit Küchenkrepp abtupfen.

6. Mit dem breiten Pinsel Türkis auftragen.

7. Die Wasserstreifen aufmalen, solange der Hintergrund noch naß ist: Den Pinsel Nr. 12 in sauberes Wasser tauchen und Streifen vom Motiv bis zur oberen Spitze des Schirms ziehen. Im Abstand von ca. 5 cm wiederholen. Auf diese Weise wird das Gewebe des Schals mit den abwechselnden Satin- und Georgette-streifen nachempfunden.

SCHAL

1. Den Schal an drei Seiten in den Spannrahmen einspannen. Den Teil des Schals, der nicht mehr im Rahmen Platz hat, auf eine Plastikfolie legen und auf der Folie weitermalen.

2. Das Motiv mit Phantomstift übertragen und wie oben beschrieben ausarbeiten.

48

Tip zu Schritt 2: Kleine Wäscheklammern an den Stellen, wo Konturenmittel aufgetragen wird, unter die Schirmschienen legen, damit die Seide nicht aufliegt.

Nach der Fixierung ist der Schirm wasserabweisend und regentauglich. Er kann zusätzlich mit einem umweltfreundlichen, farblosen Imprägnierspray eingesprüht werden, damit er auch einem Dauerregen widersteht. Den Schirm vor dem ersten Gebrauch gründlich duschen, um sicher zu gehen, daß keine Farben abgehen.

HERMELIN

SEIDE
Pongé Habotai 10,
36 x 42 cm

FARBEN
bügelfixierbare
Seidenmalfarben in
Turkis, Blau, Violett

PINSEL
Rotmarderhaar- oder
Jaxhaarpinsel

HILFSMITTEL
zwei Holzleisten
Klebeband
Bleistift
Gutta in Silber

VORLAGE H

1. Das Motiv auf Transparentpapier übertragen. Die Linien des Motivs auf der Rückseite des Papieres mit einem weichen Bleistift kräftig nachzeichnen. Die Bleistiftzeichnung auf die Seide legen und die Linien mit kräftigem Fingerdruck durchdrücken.

2. Zwei Leisten jeweils an den Seiten entlang in die Tasche schieben und die ganzen Seitenlängen der Tasche mit einem Streifen Klebeband so an der Arbeitsplatte festkleben, daß die Malfläche gespannt ist. Zur Sicherheit ein Stück Plastikfolie, z.B. von einer Tüte, oder Karton in die Tasche legen.

3. Die Linien mit silberfarbener Gutta nachziehen.

4. Die Blätter mit kräftigen Mischfarben aus Blau und Violett ausmalen.

5. Das Hermelin nahezu unbemalt lassen, es tritt durch die dunkle Umgebung leuchtend hervor. Die ganze Fläche des Hermelins mit Wasser anfeuchten und mit stark verdünntem Türkis einige Stellen hervorheben.

6. Die Steine und die Nase des Tieres mit einer verdünnten Mischung aus Blau und Violett bemalen.

7. Für den Hintergrund im unteren Bereich Blau verdünnen, nach oben in einen helleren Farbton aus Türkis und Blau übergehen.

SEIDE
Teddy und Gans:
Pongé 08
Enten: Satin und fertig
gekauftes, schwarzes
Seidenkissen (40 x 40 cm)

FARBEN
dampffixierbare
Seidenmalfarben
Teddy: Goldgelb,
Cognac, Taubenblau,
Tiefschwarz
Gans: Türkis, Grau,
Taubenblau, Tiefschwarz
Enten: Karmin, Lila,
Taubenblau, Tiefschwarz

PINSEL
Haarpinsel

HILFSMITTEL
Gutta in Silber

WEITERES MATERIAL
Füllvlies, Füllwatte,
Bügelvlies (doppelseitig
klebend), Nähfaden,
Nadel, Bügeleisen

VORLAGEN I, J, K

51

TEDDY

1. Seide aufspannen. Kissenform und Teddy übertragen. Das Motiv mit Gutta nachzeichnen.

2. Mit Goldgelb und Cognac die Teile des Teddys so abschattieren, daß sie sich voneinander abheben. Beim Brustfleck Goldgelb verdünnen.

3. Augen und Nase mit Tiefschwarz bemalen.

4. Den Hintergrund und die Rückseite des Kissens mit Taubenblau einfärben.

5. An der angegebenen Linie die beiden Teile bis auf eine 15 cm große Öffnung unten zusammennähen.

6. Zwei Teile Füllvlies zusammennähen, mit Füllwatte ausstopfen, Öffnung verschließen und die Form in die Kissenhülle stecken. Hülle zunähen.

GANS

1. Seide aufspannen, das Motiv übertragen und mit Gutta nachzeichnen.

2. Die Gans mit Türkis, Taubenblau, Grau und deren Mischtönen bemalen. Bei Flügelfedern und Schnabel die Farben stark verdünnen.

3. Den Rand und die Rückseite des Kissens mit Tiefschwarz bemalen.

4. Das Kissen wie oben beschrieben fertigstellen.

ENTEN

1. Satin aufspannen. Die Umrisse der Enten breit, einige Federn dünn mit Gutta zeichnen.

2. Die genannten Farben teils rein, teils gemischt verwenden. Die schmalen Felder und die Augen schwarz, den Schnabel mit verdünntem Karmin bemalen. Farben fixieren.

3. Das Motiv auf Bügelvlies bügeln und ausschneiden.

4. Das Papier von der Rückseite des Bügelvlieses entfernen und das Motiv auf die Kissenhülle bügeln.

JUGENDSTIL

SEIDE
Pongé 10, 115 x 145 cm

DAZU:
Wolldecke mit Fransen

FARBEN
dampffixierbare
Seidenmalfarben in
Gelb, Altrosé, Lindgrün,
Schwarz, Violett

PINSEL
Haarpinsel Nr. 5 bis 8,
14 und 30

HILFSMITTEL
Phantomstift
Gutta in Schwarz und
Gold

1. Einen Entwurf zeichnen. Darauf achten, daß das Typische dieses Jugendstilmotivs zur Geltung kommt: das Übereinander- und Hintereinanderliegen von Bändern und Flächen, die wie verflochten scheinen.

2. Aufgrund der Größe ist es schwierig, die aufgespannte Seide umzudrehen und den Entwurf durchzuzeichnen. Deshalb den Entwurf auf eine ebene Fläche legen, die Seide darüber mit Klebeband befestigen und so durchzeichnen. Wenn ohne Entwurf gearbeitet wird, gleich mit dem Phantomstift auf die aufgespannte Seide zeichnen. Dabei kommt es auf schwungvolle Linienführung mit überschneidenden Haarbändern an. An den Überlagerungsstellen den Phantomstift nicht absetzen, um den Schwung zu erhalten. Überflüssige Linien nachträglich mit einem feuchten Pinsel löschen.

3. Die Konturen mit schwarzer Gutta, die Muster des Gewandes mit goldfarbener Gutta zeichnen.

4. Das Motiv ausmalen. Für die Haare und die kleinen Muster einen Haarpinsel der Stärke 5 bis 8, für die Ausmalung der übrigen Flächen einen Pinsel der Stärke 14 verwenden. Die Ornamente der seitlichen Bänder in Aquarelltechnik malen.

5. Den lindgrünen Fond zügig mit einem Haarpinsel Nr. 30 malen.

6. Das fertige Tuch von Hand auf eine Wolldecke mit Fransen nähen.

SEIDE
Pongé 08

FARBEN
dampffixierbare
Seidenmalfarben in
Rot, Blau, Gelb,
Schwarz

PINSEL
Haarpinsel Nr. 8, Nr. 14

HILFSMITTEL
Phantomstift
Gutta in Schwarz
Salzlösung
(s. Seite 19)

1. Das Motiv mit Phantomstift auf Seide übertragen.
Die Linien mit Gutta nachziehen.

2. Die Farbtöne aus den Grundfarben mischen und
die Felder auf der Seide ausmalen. Die Blüten aquarellierend mit verdünnten Farben malen.

3. Den Fond ausmalen. Noch in die feuchte Farbe mit
in Salzlösung getauchtem Pinsel (Nr. 8) schwungvoll
aufhellende Linien parallel zum Motiv ziehen.

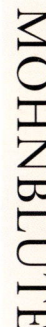

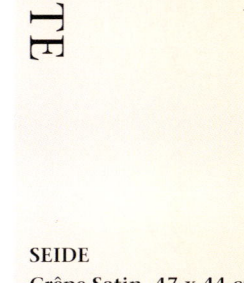

MOHNBLÜTE

SEIDE
Crêpe Satin, 47 x 44 cm
(ohne Nahtzugabe)

FARBEN
dampffixierbare
Seidenmalfarben in
Gelb, Goldgelb,
Goldocker, Madrasrot,
Saphirblau

PINSEL
Haarpinsel Nr. 10,
Nr. 18

HILFSMITTEL
Gutta in Gold

WEITERES MATERIAL
Reißverschluß 30 cm
Nähseide

VORLAGE L

1. Das Motiv auf Seide übertragen und die Linien mit Gutta nachzeichnen.

2. Die einzelnen Felder mit Farbe ausfüllen. Die Blütenblätter in Aquarelltechnik mit leicht verdünntem Goldgelb und dann mit ebenfalls leicht verdünntem Madrasrot ausmalen. Das Blüteninnere und die Blütenstengel mit verdünntem Madrasrot, die übrige Motivfläche mit verdünntem Goldocker bemalen.

3. Den inneren Motivhintergrund mit einem hellen Blaugrün (Gelb/Saphirblau, beides stark verdünnt), den äußeren Hintergrund und den Kissenrücken mit Blaugrün (Gelb/Saphirblau, beide leicht verdünnt) gestalten.

4. Nach der Fixierung die beiden Kissenteile zusammennähen und an der unteren Naht mit einem Reißverschluß versehen.

ART DECO

SEIDE
Pongé 05, 90 x 90 cm

FARBEN
dampffixierbare
Seidenmalfarben in
Rot, Gelb, Blau,
Schwarz

PINSEL
Haarpinsel

HILFSMITTEL
Phantomstift
Gutta in Schwarz

1. Einen Entwurf zeichnen und mit Phantomstift auf
Seide übertragen. Dabei darauf achten, daß die senkrechten Parallelen gerade gezogen werden. Dazu muß
das Tuch ohne Bögen sehr exakt gespannt sein.

2. Die Linien mit schwarzer Gutta nachziehen.

3. Die Felder im Komplementärkontrast Violett-Orange
ausmalen. Die Farben Violett und Blau verdünnen und
auch einmal durch Hinzufügen von wenig Schwarz
brechen. Dadurch ist die Wirkung des Kontrastes weich
und warm.

SEIDE
Crêpe Satin Extra

DAZU
Lambswool-Plaid
in Rot

FARBEN
dampffixierbare
Seidenmalfarben in
Rot 1 und Rot 2,
Gelb, Blau

PINSEL
Haarpinsel

HILFSMITTEL
Phantomstift
Gutta in Schwarz

1. Einen Entwurf zeichnen und mit Phantomstift
auf Seide übertragen.

2. Die Linien mit schwarzer Gutta nachzeichnen.

3. Die Flächen mit Rot- und Grüntönen ausmalen:
alle Rotvarianten vom dunkelsten Rot bis zum

Orangerot einsetzen, die Grüntöne vom kalten
Grün bis zum warmen Gelbgrün mischen. Um
den starken Kontrast zu mildern, die großen
Flächen mit warmen Ockertönen ausführen.

4. Nach dem Fixieren auf ein Wollplaid nähen.

57

FREE STYLE

SEIDE
Crêpe de Chine,
90 x 90 cm

FARBEN
dampffixierbare
Seidenmalfarben in
Blau, Gelb, Grün,
Rot, Schwarz

PINSEL
Flächenpinsel

HILFSMITTEL
Farbverdicker
Resopalplatte
zerknülltes Stück
Pappe

1. Schwarz mit Farbverdicker mischen (s. Seite 28).

2. Mit schwarzer, verdickter Farbe auf Resopalplatte
das Umrißmuster für eine spätere farbliche Ausgestal-
tung anlegen, wobei der größte Teil der Fläche weiß
bleiben muß. Formen mit der zerknüllten Pappe herauskratzen (s. Seite 28).

3. Gestaltung mit der aufgespannten Seide abnehmen.

4. Nach dem Trocknen das Tuch mit flüssigen Farben
ausarbeiten.

SEIDE
Crêpe de Chine,
90 x 90 cm

FARBEN
dampffixierbare
Seidenmalfarben in
Rot, Lila, Blau,
Grasgrün, Lindgrün

PINSEL
Flächenpinsel

HILFSMITTEL
Farbverdicker
Resopalplatte
Pappstreifen
Gutta in Gold

1. Die beiden Grüntöne mit Farbverdicker verdicken (s. Seite 28) und auf der Resopalplatte verstreichen.

2. Kreis und Linien mit einem Pappstreifen auskratzen (s. Seite 28).

3. Die Gestaltung mit der aufgespannten Seide abnehmen.

4. Nach dem Trocknen das Tuch mit Rot, Lila und Blau weiter bearbeiten. Mit Goldgutta Akzente setzen.

SEIDE
nach Belieben

FARBEN
dampffixierbare
Seidenmalfarben auf
Wasserbasis in
Rot, Gelb, Blau,
Schwarz

PINSEL
Grundierpinsel,
Borsten-Fächerpinsel

HILFSMITTEL
farblose Gutta
(benzinlöslich)
Pipette
Waschbenzin

60

1. Mit der Pipette viele kleine Farbpunkte auf die trockene Seide aufspritzen. Rasch arbeiten, damit die Farben nicht trocknen und unschöne Farbränder bilden. Anschließend die Farben trocknen lassen.

2. Mit dem Borsten-Fächerpinsel die mit Waschbenzin verdünnte Gutta (sahneähnliche Konsistenz) schwungvoll auf die Seide spritzen. Die Gutta trocknen lassen.

3. Tuch umspannen, untere, linke Seite nach oben.

4. Mit einem breiten Grundierpinsel das ganze Tuch mit schwarzer, unverdünnter Farbe einstreichen. Farbtropfen, die auf der Gutta bleiben, mit einem Tuch abwischen. Die Farben trocknen lassen.

5. Das Tuch nach einer Ruhezeit von ca. 24 Stunden fixieren.

1. Die Krawatte (bzw. Fliege, Tuch) mit der Rückseite nach oben auf eine Folie legen. Rot, Gelb und Türkis mit Wasser im Verhältnis 1:1 verdünnen. Die Farben nacheinander auf die Krawatte auftupfen.

2. Die Krawatte wenden und den Farbauftrag auf der Vorderseite wiederholen. Die Farben trocknen lassen.

SEIDE
Krawatten, Fliegen, Einstecktuch

FARBEN
dampffixierbare Seidenmalfarben auf Wasserbasis in Rot, Gelb, Türkis, Schwarz

PINSEL
Grundierpinsel, Borsten-Fächerpinsel

HILFSMITTEL
farblose Gutta (benzinlöslich) Waschbenzin

3. Die mit Waschbenzin verdünnte Gutta mit einem Borsten-Fächerpinsel auf die Krawatte spritzen. Zuerst die Rückseite, anschließend die Vorderseite bearbeiten. Die Gutta trocknen lassen.

4. Die Krawatte auf der Rückseite mit unverdünnter Farbe vorsichtig überstreichen. Nur wenig Farbe mit dem Pinsel aufnehmen, damit die Krawatte nicht ganz durchnäßt wird.

5. Diesen Vorgang auf der Vorderseite wiederholen. Die Farben trocknen lassen.

6. Nach einer Ruhezeit von ca. 24 Stunden fixieren.

Wichtig: Nur Farben auf Wasserbasis und benzinlösliche Gutta verwenden.